디카시집

살아보니 살기 잘했어

| 시인의 말 |

『살아보니 살기 잘했어』 첫 디카 시집을 펼치며, 삶을 다시 들여다보는 시간을 가졌습니다. 사진 한 장에 마음을 걸고, 문장 몇 줄에 숨겨둔 진심을 꺼내놓을 수 있다는 것이 얼마나 놀라운 즐거움이고 감사인지요.

어떤 날은, 지치고, 어떤 날은 웃고, 그러면서 한 걸음, 한 걸음 걸어온 삶이 디카시 속에 담기니 문득 이런 생각이 들었습니다.

"그래도 내가 살아내서 참 다행이다."
"지금껏 잘 살아왔고"
"지금도 잘 살고 있고"
"앞으로도 잘 살 거야."

불평보다는 감사, 숙제보다는 축제! 그 마음을 담아낸 이 책은 삶이라는 놀이터에서 뛰놀던 나의 흔적이고, 당신에게 건네고 싶은 따뜻한 한 조각입니다.

우리는 모두 지구별을 여행 중인 친구들입니다. 서로의 시선을 통해 또 다른 세상을 배우며, 당신과 내 마음이 이어졌으면 좋겠습니다.

오늘 하루도 살아 보시고, "살만하더라"라는 말을 함께 나눌 수 있기를 바랍니다.

지금, 여기, 살아 있다는 기쁨에 진심으로 감사합니다.

조경자 올림

| 추천사 |

삶의 이정표를 스스로 개척하는 향도嚮導!

임수홍(한국문학신문 이사장)

　디카시는 '언어 너머 시'를 디지털카메라로 찍어 문자로 재현한 시라고 볼 수 있다. 따라서 디카시는 단순한 시와 사진이 조합된 시화詩畵가 아니라, 순간이 주는 '날 것'의 힘, 그 포착한 순간에 강렬하게 가슴을 치는 느낌, 한 마디 말과 삶의 지혜 등 촌철살인의 철학이 핵심이라고 할 수 있다.
　조경자 시인은 이번에 수필집 『내 인생의 주인공』도 함께 발행한다. 『살아보니 살기 잘했어』와 『내 인생의 주인공』처럼 조경자 시인이 어떻게 삶을 살아왔는가를 제목에서 느낄 수 있다.
　'인생은 한 편의 영화'라고 했듯이 사연 없는 인생은 아무도 없다는 사실을 두 권의 책을 만들면서 알게 되었다. 처음엔 '대단하다'였다가 내용을 읽을수록 지치고 힘들 때 포기하고 싶은 시간들을 이겨내는 모습에

'당신의 인생을 정말 존중합니다'로 변화하는 내 모습을 알게 되었다.

조경자 시인은 우리가 살아가는 데 경험의 축적이 삶의 의미와 연결될 때, 삶의 품격이 살아났다는 사실을 알고 있다. 밋밋하게 온실에서 자란 것보다는 신산辛酸하고 고통과 아픔을 감내하고 자란 나무에서 견고한 내면이 가득해 '살아보니 살기 잘했어'가 '내 인생의 주인공'이 되었다는 행복한 무대에서 자랑스럽게 이야기하는 것이다.

조경자 디카시인의 첫 번째 디카시집 『살아보니 살기 잘했어』는 1부 「그리운 이를 그려 봅니다」, 2부 「마음의 눈으로 세상을 바라보자」, 3부 「내가 있는 곳이 천국이라네」, 4부 「웃음은 내 친구」, 5부 「내가 나라서 좋아」 등 70편을 그동안 세상을 살아오면서 순간적으로 눈에 스치는 사물을 놓치지 않고 그 안에 자신의 삶의 이력을 앙드레 지드(André Gide, 1869 - 1951)가 1893년 그의 일기에서 사용한 미장아빔(Mise en abîme)처럼 어떤 이미지가 자신 속에 더 작은 자기 복제 이미지를 포함하고 있는 듯하다.

| 추천사 |

    그만큼 조경자 디카시인의 작품은 전반적으로 볼 때, 이른바 패러디의 일종인 패스티슈(Pastiche)의 기교가 아니라 실제 체험하지 않으면 쓸 수 없는 독특한 창의력에서 새로운 공간으로 진일보하고 있다.

    이번에 출간하는 조경자 디카시인의 시집『살아보니 살기 잘했어』는 오늘처럼 뜨거운 햇살이 세상을 가득 채우고 있을 때, '비움으로 마음을 채워본다'는 평범한 진리를 함께 느낄 수 있도록 독자들에게 꼭 읽어보라고 추천을 한다.

/ 차례 /

시인의 말 — /3

1. 그리운 이를 그려 봅니다

봄 마중	14
그리운 이를 그려 봅니다	15
동반자	16
버팀목	17
가을	18
살고 싶다	19
작품	20
욕심을 내려놓으면	21
웃고 사세	22
인생나무	23
세상만사 마음먹기 나름	24
춤추라	25
회복	26
희망	27

/ 차례 /

2. 마음의 눈으로 세상을 바라보자

구름 새여 잠시 쉬어가소	30
나만의 브랜드 내 집	31
다 안다	32
더불어 사는 삶	33
물든 나뭇잎	34
마음의 눈으로 세상을 바라보자	35
마음의 창	36
똑같지 않아도 돼	37
쉼터	38
웃자	39
위로	40
축복의 통로	41
차세대에게	42
풍성	43

3. 내가 있는 곳이 천국이라네

괜찮다	46
나도 사람이 되고 싶어	47
내가 있는 곳이 천국이라네	48
전진	49
내면 아이	50
모자	51
삶의 무게	52
어떻게 살다 왔니?	53
어울림	54
얼굴	55
마이웨이	56
준비된 나	57
축복	58
행복하냐고 물었지!	59

/ 차례 /

4. 웃음은 내 친구

나도 꽃이 되고 싶어	62
나와 너의 다른 점	63
새내기	64
손가락질하지 마!	65
아름다운 마무리	66
아름다움	67
지킬게	68
왕따	69
웃음은 내 친구	70
아지트	71
친구	72
화평	73
행운	74
홀씨 사랑	75
사랑이 묻어있는, 여느 곳과 다른 유달리 찻집에서	76
힘내라 힘!	77

5. 내가 나라서 좋아

가족	80
내가 나라서 좋아	81
나는 나를 사랑해	82
나무 벽 사이에 꽃	83
남들이 가지 않는 길	84
그대의 우산이 되리	85
네 꿈을 펼쳐라	86
마음	87
시원한 자연의 장식	88
빛나는 너를 응원한다.	89
수고로움	90
믿음	91
인과 관계	92
춤추리	93
미리 물든 마음	94
웃는 당신이 희망	95

1.

그리운 이를 그려 봅니다

봄 마중

때가 되면
솟아나고 피어난다네.
기다림에 지쳐 먼저 간 친구여
조금만 더 인내했더라면
먼저 가서 봄 마중하려 했나 보구나

그리운 이를 그려 봅니다

청해(靑海)는 엄마의 넓은 마음이여
허물도 덮어주고, 모자람도 채워 줌이여
힘겨운 짐도 내려놓는다네.
쏟아내고 사랑으로 채워
다시금 힘을 낼 수 있는 그리운 사랑이라네.

동반자

때론 외롭고
나약하고 보잘것없지만
당신과 함께라서
힘이 나고 행복합니다.

버팀목

부모님은 나를 이 세상에 살아가게 한 버팀목이었다.
스승과, 멘토는 나를 성장시키는 버팀목이었다.
우리나라 좋은 나라 대한민국은
내가 꿈을 펼치게 도와주는 버팀목이었다.
가족은 나에게 용기와 살아갈 힘을 주는
나의 버팀목이었다.
직장과 동료는 더불어 나눔과 소통의 버팀목이어라.

가을

보이는가. 가을이?
계절의 바뀜을 실감하는가?
단풍이 물드는 것도 보고 사는가?
내 안의 열정을 불태우고 사는가?
맘껏 사랑하며 살아보세 나도. 너도. 우리 모두.

살고 싶다

살고 싶다
살아보고 싶다
살아남고 싶다
살아서 맘껏 펼쳐보고 싶다
나 살아볼래, 살아보고 말해줄게.

작품

하루하루 자라다 보니 작품이 나왔다.
그러니 그대의 하루하루도 걸작품 이란다.
귀하고 소중한 그대 힘내라!
삶은 가장 좋은 신의 큰 프로그램 안에
그대 향한 그림이 있다네.
즐기고 살아보세 삶을.

욕심을 내려놓으면

욕심을 내려놓으면 자유
내 안의 보물을 탐욕이 막았구나!
보이기 위한 가지 치기가 아름다운 나의 길을
의심이 두려움이 참 나를 보지 못하네.
거짓과 가면 그리고 편견을 거둬내면 날 수 있다.

웃고 사세

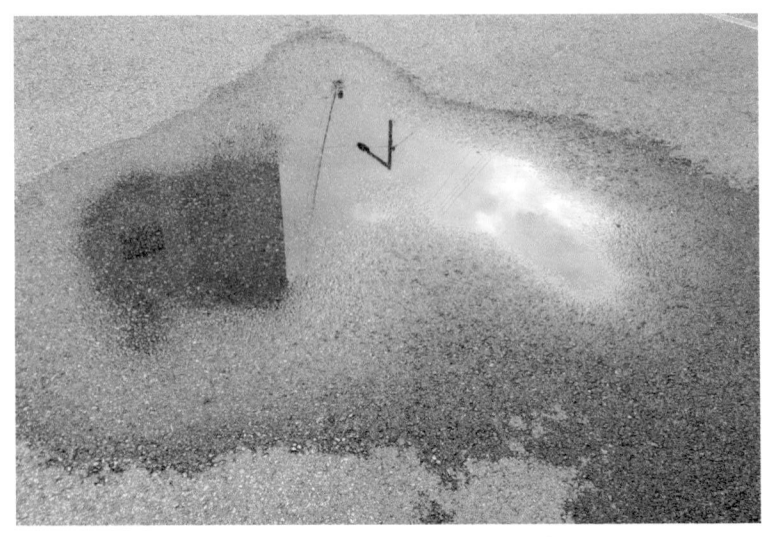

웃고 사세.
웃는 얼굴은 행복이네.
웃으면 하늘도 우주도 다 담는다네.
웃으면 건강. 행복. 풍요가 온다네.
웃고 살아보세.

인생 나무

힘들지만?
울고 살아요.
슬픔 풀어내고.
웃고 살아요.
희망 가지고…

세상만사 마음먹기 나름

현재를 최대한 즐겨
오늘이 지나면 다시는 오지 않아
남 원망하고 욕할 시간이 어디 있니?
소중한 삶 사랑하며 살자.
틈 사이에서도 기회를 잡았어.

춤추라

인생 뭐 있나?
흔들흔들~
신나게 살다 오라 하네.
웃고 살다 오라 하네.
춤추며, 웃고, 재미있게, 살다 가지 뭐~

회복

말랐던 가지에 새잎이 사랑으로 다가오네. ♡
옛 아름다움을 새롭게 회복되었네. ♡
내 건조하고 메마른 삶에 활력소 힐링이 되네. ♡
보고만 있어도 힘을 주는 담벼락에 핀
담쟁이의 회복 고마워 사랑해. ♡

희망

절망했었다
앞이 보이지 않았다
그래도 포기 마라
살아만 다오
있는 모습 그대로

2.

마음의 눈으로 세상을 바라보자

구름 새여 잠시 쉬어가소

잠시 쉬어 갈까나?
때로는 쉼도 필요하다네.
멀리 높이 날기 위해 충전하는 중이라네.
핸드폰도 배터리가 다 되면 충전이 필요하듯
그대 잠시 쉬며 배터리 충전 시간이야.
괜찮아, 날 수 있어.

나만의 브랜드 내 집

나만의 집
나만의 공간
피로를 풀 수 있는 집
모든 것이 허용되는 나의 보금자리
내 집 온 우주를 담는 소중한 집

다 안다

외롭다고 말하지 않아도 다 안다.
힘들다고 말하지 않아도 힘든 것 다 안다.
괜찮지 않아도 괜찮다고 하는 것 다 안다.
그 힘든 여정을 잘 견디어 왔구나.
다행이다. 다행이다. 다행이다.
사랑한다. 축복한다.

더불어 사는 삶

아웅다웅 붙어사는 삶도 아름답네.
정이 보이고, 흥겨움도 보인다네.
인생사 별것 아닌 것.
더불어~ 더불어~ 사는 삶이 아름답다.
그 삶이 내 삶인걸, 잊고 살았네.

물든 나뭇잎

두 계절을 함께 살아본다.
당사자가 아니면 절대 모르는 삶.
살아보니 알겠더라.
아 그래서 그랬구나.
이젠 알겠어.

마음의 눈으로 세상을 바라보자

나무가 뚫려 반대편이 보인다.
마음의 문을 열면 또 다른 세상이 보인다.
아집과 고집 편견의 틀을 넘어서,
있는 그대로의 아름다움이 보인다.
소통이 된다. 상대방 입장이 보인다.
사랑스러운 내면이 보인다.
마음의 문을 열고 활짝 열려있는
마음의 눈으로 세상을 보자.

마음의 창

비우면 보이나니
닦으면 선명하노니
내려놓으면 늘 새로운 것들로 채워지나니
비우고 버리고 내려놓고 웃고 사세
그래 그렇게 단순하게 살자~

똑같지 않아도 돼

남들과 똑같지 않아도 돼
나의 색을 맘껏 펼쳐보자
지구별에 온 이유가 있단다.
남과 비교하지 말고,
내 안의 보물 맘껏 발산하며 멋지게 살자.

쉼터

쉬었다 가~
공부하기 좋지?
독서하기 딱이지?
수다 떨기도 좋고?
김밥 싸서 산책하다 여기서 먹으면 좋겠지?

웃자

웃자. 웃어보자.
인생 뭐 별것 있나요?
그냥 활짝 웃고 살아요.
근심 걱정 벗어던지고.
신나게 웃고 살아요.
웃는 당신이 희망입니다.

위로

은은한 불빛으로
그대를 비춥니다.
오늘도 힘들었지?
수고 많았지?
애썼다.

축복의 통로

사랑의 메시지
용기를 북돋는 언어
힘을 주는 말
긍정적인 표현으로
당신과 저는 행복을 이어주는 축복의 통로입니다.

차세대에게

먼저 살아보니
살만 하더이다.
불안하고 초조하고 두려움이 있을지언정
그럼에도 살아 지더이다.
힘차게 신나게 그대의 꿈을 맘껏 펼치시게

풍성

한 송이 꽃이 이렇게 풍성할 수가 있다오.
그대 삶 자체가 풍요라오.
웃음 짓게 하는 그대는 사랑의 묘약이오.
우주에 존재하는 그대가 있어 행복하오.
내 마음 그대 마음인 것을 바로 풍성이며 풍요라네.

3.

내가 있는곳이 천국이라네

괜찮다

괜찮다 걷다 보니 아름다운 꽃이 있더라.
괜찮다 너무 잘하려고 애쓰지 않아도 아름답다.
괜찮다 불평 없이 살아보니 살 만하더라.
괜찮다 내가 나에게 잘해 주기로 했다.
괜찮다 이 모습 이대로 충분히 필요한 존귀한 존재다.

나도 사람이 되고 싶어

맘대로 걸어 다닐 수 있고
말하고 듣고 읽고 쓰고 표현할 수 있고
사랑하는 이와 함께하는
큰 사랑으로 남을 도와주는
나도 사람이 되고 싶어

내가 있는 곳이 천국이라네

남의 것 욕심내지 않을래
내게 주어진 것으로 만족할래
있는 모습 그대로 감사하며 살래
인도에 자리 잡고
오고 가는 이들에게 웃음과 희망 줄래

전진

앞으로
물살을 가르는 장엄한 전진 속에
두려움 없이 나아가는 힘찬 물길질
고난도 시련도 이겨내는 우리네 삶처럼
전진 속에 아름다운 미래도 보인다!

내면 아이

아이야 오늘 기분은 어때?
하고 싶은 것이 뭐니?
어떨 때 제일 행복했니?
불안하고 두렵지는 않니?
아이야 넌 잘 빛나는 보석이야 존재 자체로 빛난단다.

모자

가을이라 멋쟁이 아가씨 모자가 아름답습니다.
그 무덥던 여름도 모자 하나로 잘 버티더니
너에게도 사랑의 모자를 선물하노니
더위도 추위도 따가운 햇살이나 상처도 다 덮어주는
고마운 사랑의 모자.
나도 너도 우리 모두 서로에게 고마운 모자가 되어 보자.

삶의 무게

여기까지 살아오느라 수고 많았구나.
그 힘겨운 무게를 다 견디어 내었구나.
자기와의 싸움 안에는 사랑이 들어 있었구나.
나, 가족, 사회, 나라, 지구별을 생각하며 이겨내었구나.
살아있어 고맙고, 살아 주어서 고맙고, 살아남아 고맙구나.

어떻게 살다 왔니?

우린 대화가 필요해
어떻게 살다 왔니?
행복했니?
후회 없이 살았어?
하고 싶은 것은 다 했고?

어울림

묘한 조화로움이 아름답습니다.
전혀 다른데도 어울립니다.
보기에 좋은 것이 자연스럽습니다.
그대와 나와 우리도 서로 묘한 조화로움이
어울리고 아름답습니다.
한세상 함께 어울리며 살아 봅시다.

얼굴

그림을 그리다 보니
사랑하는 이의 얼굴을 그려 본다
있을 때도 아름다운 얼굴
하늘나라 가셔도 내 마음속에 살아 있는 얼굴
보고 싶을 때마다 언제든 꺼내볼 수 있는
사랑하는 어머니

마이웨이

전진
나의 길을 가리
어떤 어려움과 고난도 이겨내었다
폭풍 시련도 견디고 보니
지금의 내가 이 자리에 있을 수 있었다.

준비된 나

불이 들어오는 것과 아닌 것
생존의 비밀
미리 준비되어 있어야
빛을 비출 수 있다.
너도 네 안의 빛을 비추렴.

축복

부모 형제 친구들 다 보내고
좀 더 세상 구경 한다네
함께 시끌벅적할 때도
홀로 외로이 있을 때도
그 모든 것이 하나님의 은혜요 축복이었네!

행복하냐고 물었지!

행복하냐고 물었지! 그렇다고 말했지.
행복이 지금 당장 바로 여기에서 나에게 왔다오.
웃을 수 있냐고 물었지? 그러겠다고 말했지.
지금부터 웃고 행복하게 살 수가 있다네.
울 수도 있냐고 물었지? 우는 게 뭐라고 말했지.
웃고, 울고, 행복할 수 있음은 결국 나 안에 다 있었네!

4.

웃음은 내 친구

나도 꽃이 되고 싶어

날아다니다 보니 꽃이 이뻐
나도 꽃이 될래!
예쁘지?
사랑스럽지?
예전에는 새였다면 지금은 꽃이야~

나와 너의 다른 점

뭘까 다른 점
살았다는 것과 죽었다는 것
기회가 있고 없고
희망과 절망
가능성과 불가능 살아 있을 때 잘하자

새내기

새로운 시작
시작하기 딱 좋아
늦은 나이란 없어
무한한 가능성을 믿어
인류 공헌에 이바지 하자~

손가락질하지 마!

싸우지 마!
다르다고
색이 다르다고 틀린 건 아냐
일찍 물들었다고 비난하지 마!
한세상 다 같이 더불어 살다 가는 거야

아름다운 마무리

남아 있는 벗님네여
한세상 덕분에 잘 놀다 가요
보고 싶다 울지 마소
그립다 슬퍼 마소
우리 다시 먼 훗날 천국에서 만나리니

아름다움

자연스러움이 아름다움
조화로운 것이 아름다움
보고 편안하면 아름다움
쉼과 휴식 힐링 이 되면 아름다움
나, 너, 우리의 마음이 편안해지면
모든 것이 아름다움이다

지킬게

삶의 신호등
경제 신호등
감정 신호등
행복 신호등
관계 신호등

왕따

가해자가 피해자가
너 나 우리 다 될 수 있어
그러니 서로서로
왕따 당하지도 시키지도 말자
다 같이 사이좋게 지내보자

웃음은 내 친구

춥지만
따스한 문자
이래도 안 웃을겨?
웃으면 복이 온대~
그래 웃는 당신이 희망!

아지트

편한 공간 창의력이 샘솟는다.
작품이 떠오른다. 아 좋구나.
나무가 병풍 되어 시원한 그늘과
상쾌한 바람 속에 신선놀음 따로 없구나.
이름하여 아지트라네. 긴 벤치 의자가 있다.
이름 모를 나무들 어우러져
나뭇가지랑 잎들이 춤을 추는구나.
오호! 유토피아 따로 없구나.

친구

그냥 든든하다
마음이 따스하다
위로가 된다.
함께라서 좋다
친구야 내 친구 되어 줘서 고마워

화평

구름은 날 보고 웃고 살라 하네~
나무는 나더러 맘 비우고 살라 하네~
계단은 나에게 운동하라 하네~
자연은 나와 벗 삼아 맘 편히 살라 하네~
그래서 웃고 맘 비우고 운동하며
자연과 벗 삼아 살기로 했네~

행운

살짝 틈 사이로 고개 내밀었다
신의 한수
세상이 아름다운 걸 알았네
오고 가는 행인들 날 보고 미소 짓네
그대여 행운이 왔을 땐 꽉 잡으소

홀씨 사랑

사랑은 내리 사랑만 있더라
열정을 다한 한 번뿐인 사랑
다시는 올수 없는 사랑
멀리멀리 사랑 안고 떠난다네
바람에 날리는 홀씨 같은 흩어진 사랑

사랑이 묻어있는,
여느 곳과 다른 유달리 찻집에서

책과 음악, 블루베리 주스가 함께인 오후,
큰 경자가 셔터를 누르고 작은 경자가 미소를 짓는다.
우리는 둘 다 경자, 닮은 듯 다른 온기로 웃는다.
이 순간, 삶은 잔잔하고 달콤하며,
참 잘 살아가고 있구나! 싶은 따뜻한 기분이 차오른다.

힘내라 힘!

힘내라 힘!
기상을 보시오!
정열의 꽃을 보시오!
흔들림 없는 멋진 자태를 말이오!
그대여 힘과 용기를 그리고 열정을 다해 살아봅시다!

5.

내가 나라서 좋아

가족

왠지 닮은 듯 다른 듯
한 뿌리에서 나왔건만 개성들이 달라
다양성을 인정하며 개성을 존중하는
사랑이 있고 위로와 용서가 있는
우리는 따스한 가족이라네.

내가 나라서 좋아

살아 보니
살기 잘했어
포기 안하니 예쁘게 물드네
그냥 나는 나라서 좋아
일생을 열정으로 살아냈어

나는 나를 사랑해

애들아 코스모스 닮았다고?
꽃잎이 많다고?
색이 연하다고?
향기가 적다고?
그럼에도 불구하고 나는 나를 사랑해!

나무 벽 사이에 꽃

생각지도 못한 곳에 터를 잡아 뿌리내렸다.
꽃인지? 곰팡인지? 쓰레기가 묻었나?
보는 이에 따라 다르게 보이는
나름 나도 꽃이라 우겨 보련다.
아무렴 어때 그냥 나는 나라서 좋은 걸~

남들이 가지 않는 길

쭉쭉 위로 자라야지~
남들과 같이 살아야지~
남의 눈을 의식해야지~
왜 힘든 길을 가냐고~
나의 길을 가보니 이 또한 아름다움 이었네~

그대의 우산이 되리

나 그대의 우산이 되어주리
그대의 비바람 막아주리
나 벗 삼아 빗속을 걸어가라 그대
묵묵히 그대 곁에 힘이 되리
나 그대 있어 행복하오.

네 꿈을 펼쳐라

안 된다고?
못 한다고?
네까짓 게?
뭘 하겠냐고?
그럼에도 꽃피우니 좋더라~

마음

마음아 안녕?
오늘 기분은 어때?
밝은 색이니?
어두운 색이니?
마음이 가는 곳에 몸도 가는 것 알고 있니?

시원한 자연의 장식

오가는 행인을 위한 나의 선물
삭막하기만 한 곳에 생명이 있어
아무런 희망도, 소망도, 꿈도, 없다 라고 하지 마라.
그래서 살아볼만 하단다.
살아보자, 사는 날까지 힘차게 사는 거야~

빛나는 너를 응원한다.

밝고, 환하게 살아보자
맑고, 정직하게 엮어보자
정직하고, 성실하게 익어보자
꾸준하고, 지속적으로 나아가 보자
매 순간이 빛나고, 사랑스러운 너를 응원한다.

수고로움

누군가의 수고로움으로 자연스럽게 아름답다
오가는 길에 푸른 식물이 주는 즐거움과 행복함이여
나도 도움 주는 삶이고 싶어라
사랑의 손길, 봉사의 손길, 축복의 손길이어라
나와 너와 우리는 하나라네~

믿음

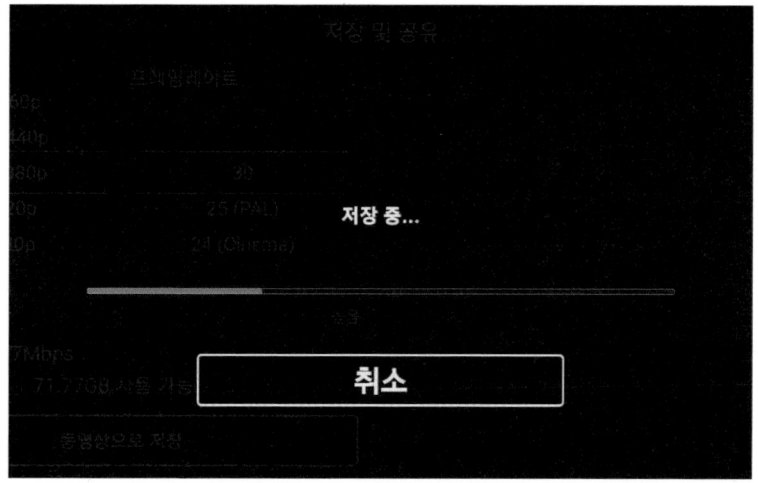

가다가 멈추면 안돼
확실하게 열매 맺자
작품으로 끝까지 가보자
불안하지 않아도 돼
두려워 안해도 돼 믿고 가자

인과 관계

서로가 도움이 되는 삶을 살자
필요한 공생애
내 살점을 줄 수 있고 호흡을 받아들일 수 있는
인과의 공생
서로가 도와 가는 것이 살아가는 법이다

춤추리

춤추자
신나게 추자
맘껏 추자
내 안에 모든 아픔이 치유될 때까지
춤 속에 흘러나오는 건강 에너지

미리 물든 마음

혼자 미리 가을이 왔음을 생각하고
붉게 물든 단풍처럼 물들어본다네
그대들도 미리, 꿈과 소원이
이루어졌음을 떠올리며 감사해 보세
감사하면 만족이 오고, 만족하면 행복이 머문다네
남의 삶을 부러워 말고
자신의 삶을 맘껏 열정적으로 불태워 보세
내가 있어야 세상이 있는 거야
그러니 그대, 즐겁고 행복하게 멋지게 살다 가세나

웃는 당신이 희망

웃고 삽시다.
웃어 넘깁시다.
웃어 줍시다.
웃어 버립시다.
웃는 당신이 이 세상의 가장 밝은 희망입니다.

살아보니 살기 잘했어

초판 인쇄　2025년 7월 23일
초판 발행　2025년 7월 29일

지은이　조경자
발행인　임수홍
편 집　맹신형

발행처　한국문학신문
주　소　서울 강동구 양재대로 114길 32 2층
전　화　02-476-2757~8　　　FAX 02-475-2759
카　페　http://cafe.daum.net/lsh19577
E-mail　kbmh11@hanmail.net

값　17,000원

ISBN　979-11-7437-005-1

· 저자와의 협약에 의해 인지는 생략합니다.
· 이 시집의 글은 저작권법에 따라 보호를 받는 저작물이므로 저자와
　출판사의 동의 없이는 무단 전재 및 무단 복제를 금합니다.

· 잘못된 책은 바꾸어드립니다.